BEI GRIN MACHT SICH IHR
WISSEN BEZAHLT

- Wir veröffentlichen Ihre Hausarbeit,
  Bachelor- und Masterarbeit

- Ihr eigenes eBook und Buch -
  weltweit in allen wichtigen Shops

- Verdienen Sie an jedem Verkauf

Jetzt bei www.GRIN.com hochladen
und kostenlos publizieren

Sven Schätzl

E-Learning in Unternehmen - Formen und Verbreitung im Überblick

Examicus Verlag

Bibliografische Information der Deutschen Nationalbibliothek:

Bibliografische Information der Deutschen Nationalbibliothek: Die Deutsche
Bibliothek verzeichnet diese Publikation in der Deutschen Nationalbibliografie;
detaillierte bibliografische Daten sind im Internet über http://dnb.d-nb.de/ abrufbar.

Copyright © 2005 GRIN Verlag GmbH
Druck und Bindung: Books on Demand GmbH, Norderstedt Germany
ISBN: 978-3-656-98054-4

http://www.examicus.de/e-book/185998/e-learning-in-unternehmen-formen-und-
verbreitung-im-ueberblick

Examicus - Verlag für akademische Texte

Der Examicus Verlag mit Sitz in München hat sich auf die Veröffentlichung akademischer Texte spezialisiert.

Die Verlagswebseite www.examicus.de ist für Studenten, Hochschullehrer und andere Akademiker die ideale Plattform, ihre Fachtexte, Studienarbeiten, Abschlussarbeiten oder Dissertationen einem breiten Publikum zu präsentieren.

Hausarbeit zum Thema:

E-Learning in Unternehmen -
Formen und Verbreitung im Überblick

Autoren: Anett Ebstein & Sven Schätzl

Fach: Medienwissenschaften und Kommunikationspolitik,
Fachhochschule Emden, Fachbereich Online-Medieninformatik

Note: 1.0

Auf Wunsch ist bei den Autoren eine umfangreiche PowerPoint-
Präsentation erhältlich.

Thema: E-Learning in Unternehmen - Formen und Verbreitung im Überblick

1 Einleitung

Bei unseren Recherchen zum Thema „E-Learning in Unternehmen" haben wir einen Schwerpunkt auf möglichst aktuelles Material gelegt. Gerade in so innovativen Bereichen veralten Informationen sehr schnell. Es gibt nur sehr wenig aktuelle Bücher zum Thema und nicht alle waren uns in der verfügbaren Zeit zugänglich. So waren wir gezwungen uns auf ausgedehnte Internetrecherchen zu stützen. Dabei haben sich besonders Fachkonferenzen als wertvolle Informationsquelle herauskristallisiert. Obwohl das Thema alle Grenzen sprengt wagen wir den Versuch eines möglichst umfassenden Überblicks über die E-Learning-Landschaft, wie sie sich uns darstellt.

2 Entstehungsbedingungen für E-Learning

Bevor man sich dem Begriff E-Learning zuwenden kann erscheint es unabdingbar, den größeren Kontext darzustellen in den dieses Thema sich einschreibt.

„Viele haben noch nicht verstanden, dass in der Informationsgesellschaft ohnehin der Gegensatz von Arbeiten und Lernen verschwinden wird." (Hans-Lorenz Reiff-Schoenfeld)[1]

Das **„lebenslange Lernen"** als Grundsatz und der Nutzen **„lernender Organisationen"** sind unbestreitbar. Lern- und Arbeitswelt wachsen immer mehr zusammen. Viele Lehraufgaben, die Unternehmen in der Vergangenheit vollständig an externe Veranstalter weitergaben, werden heute in den Betrieben selbst wahrgenommen. Lernprozesse konzentrieren sich wieder mehr auf den Arbeitsplatz. Dadurch nimmt die Bedeutung des selbstgesteuerten Lernens zu, bei dem die Mitarbeiter und Mitarbeiterinnen selbst die Inhalte des Lernens wählen, um dadurch in einer immer komplexeren Arbeitswelt Beschäftigungsfähig zu bleiben.[2]

2.1 Grund-Ausbildung

Der einmal erlernte Beruf hat auf die weitere berufliche Karriere immer kleinere Auswirkungen. Die „klassische" Biographie – Schule, berufliche Ausbildung, Übernahme im Ausbildungsbetrieb, langfristige Beschäftigung, Ruhestand –wird immer seltener. Der neue Begriff **„Patchworkbiografie"** beschreibt diese Form, die Unterbrechungen im Lebenslauf, Zweitausbildung oder Ausbildungsabbrüche, Umschulungen und sogar zeitweise Arbeitslosigkeit aufweist. Dies trifft auf immer mehr Lebensläufe zu.[3]

Bereits im Berufsbildungsbericht 2001 wurde mehr Flexibilität und Durchlässigkeit des Berufsbildungssystems (mittels **modularer Ansätze**), Qualifizierungsmöglichkeiten sowie die möglichen Zertifizierung von Ausbildungsteilen bzw. Teilen von berufsvorbereitenden Bildungsmaßnahmen gefordert.[4]

Für neue Berufe müssen die erforderlichen fachlichen und überfachlichen Kompetenzen erworben werden. Schließlich bringt eine Veränderung des beruflichen Umfeldes meistens eine erheblichen Informations- und Weiterbildungsbedarf mit sich. Langfristige Kurse wie bisher sind hier fehl am Platz. E-Learning bietet sich hier zur Lösung dieses Problems geradezu an.[5]

In großen Unternehmen (wie z. B. der Deutschen Bahn AG) wird E-Learning bereits heute im Rahmen der Erstausbildung erfolgreich angewandt. Teile des Ausbildungsrahmenplans, meist einfach aufgebaut, werden den Auszubildenden dazu zur persönlichen Nutzung im Intra- oder Internet zur Verfügung gestellt. Für auf die Zwischen- oder Abschlussprüfungsvorbereitung können Auszubildende sich ebenfalls des **„Lernortes Internet"** bedienen.

Seit Neuestem wird der „virtuellen Lernortes" auch in die **schulische Berufsausbildung** mitintegriert. Es gibt bereits erfolgreiche Beispiele. So sieht z. B. ein von „Siemens Professional Education" und „My-education" konzipiertes Projekt vor, dass IT-Auszubildende sich das theoretische Hintergrundwissen

---

[1] Vgl. E-Learning u. E-Cooperation in der Praxis, Luchterhand, 2002, S. 19
[2] Vgl. Hamburg, Lindecke, 2004
[3] Vgl. mmb Expertise, 2004
[4] Vgl. mmb Expertise, 2004
[5] Vgl. mmb Expertise, 2004

morgens per direkter Online-Schulung am Arbeitsplatz aneignen, anstatt in der Berufsschule. Zitat eines Personalchefs dazu: „*Damit verbringen die Lehrlinge rund 33 Wochen an ihrem Ausbildungsplatz*"[6]

2.2 Weiterbildung

Die Beteiligung an traditioneller beruflicher Weiterbildung stagniert zum ersten Mal in der Geschichte Deutschlands, in den neuen Bundesländern nimmt sie sogar ab. Dies ist einerseits durch momentane wirtschaftliche Situation bedingt, andererseits gibt es viele Anzeichen dafür, dass die Gründe tiefer reichen. Es zeigt sich, dass die traditionelle Weiterbildung (mit festem Lehrplan usw.) zunehmend nicht mehr den wachsenden Anforderungen der Unternehmen wie der Teilnehmer an eine **flexible und effiziente Qualifizierung** zu entsprechen vermag. Der Bedarf nach kürzeren Kursen, die innerhalb von modularen Lernkonzepten angeboten werden, nimmt zu, während Langzeitkurse nur noch mäßig ausgelastet sind. Ebenso nimmt das informelle Lernen zu. Dabei nehmen die Arbeitnehmer nicht mehr die offiziellen Lernangebote war (z.B. Seminare an Akademien oder auch interne Schulungen), sondern erkundigen sich bei ihren Kollegen, bedienen sich der Datenbanken des Unternehmens oder bemühen das Internet. Gleichzeitig wird das Lernen am Arbeitsplatz in engem Bezug zu den derzeitigen Arbeitsaufgaben immer häufiger. Dies wird unter dem Stichwort **„Lernen im Prozess der Arbeit"** zusammengefasst.[7]

Die Notwendigkeit, sich ständig neben der beruflichen Arbeit weiterzubilden, begann mit Beginn der industriellen Entwicklung und verstärkte sich durch das Aufkommen des Informationszeitalters Ende des 20. Jahrhunderts. Durch die rasante technologische Weiterentwicklung müssen Kenntnisse und Fähigkeiten ständig aktualisiert und ergänzt werden. Dies gilt für Unternehmen und Angestellte zugleich. Lebenslanges Lernen wird unabdingbar. In diesem Zusammenhang findet ein Wandel der Ausbildungsformen und der damit verbundenen Medien und Kommunikationsformen statt. Durch den Einsatz von E-Learning kann dieses Lernen billiger, flexibler und eben arbeitsplatznäher strukturiert werden.[8]

Weiterbildung war bisher für die Unternehmen nicht unbedingt erforderlich. Wenn sie vorkam, dann häufig aufgrund von Eigeninitiativen einzelner Mitarbeiter und die Genehmigung hing sehr vom Wohlwollen des Vorgesetzten bzw. des Firmenchefs ab. „*Formen gezielter gesteuerter beruflicher Weiterbildung etwa als integrale Bestandteile von Personalentwicklungsstrategien war – zumindest in den kleineren und mittleren Unternehmen – in der Regel kaum zu finden. Konnte man früher davon ausgehen, dass es ein aus Erfahrungswerten aufgebautes, fest definierbares Wissen gab, das, einmal vermittelt die Grundlage eines 30jährigen Berufslebens garantierte, so weiß man heute, dass wir definitiv nicht wissen können, welche Anforderungen schon in den nächsten 5 Jahren Berufsprofile massiv verändern werden.*"[9] Die berufliche Erstausbildung wird so zu einer reinen Einstiegsqualifikation.[10]

Auch die Notwendigkeit der Kostensenkung in der betrieblichen Weiterbildung hat dazu geführt, dass **mehr interne Schulungen** durchgeführt werden.[11] Während bei Großunternehmen die notwendigen Strukturen für eine qualitativ hochwertige interne Weiterbildung meist vorhanden sind, ist dies bei den kleinen und mittleren Unternehmen (hier besonders die Gruppe derer, die weniger als 50 Mitarbeiter hat – also das Mehrheit der deutschen Wirtschaft) oft nicht der Fall. Mit E-Learning kann man hier erreichen, dass die kompetenten Mitarbeiter mit einfachen Mitteln ihr Wissen weitergeben können.[12]

„Das **APO-IT-Konzept** einer arbeitsplatzorientierten und personenzertifizierten Weiterbildung ist als Lernform hochinnovativ, da mit diesem neuen Verfahren erstmals ungeregeltes Lernen zu einem geregelten Abschluss geführt wird."[13] Es scheint so, also ob dieses erfolgreiche Modell auch von anderen Branchen aufgegriffen werden wird. Dieses Modell will nicht zuletzt eine stärkere Durchlässigkeit von beruflicher und akademischer Ausbildung fördern. Allerdings sind im Lernort Betrieb, der durch dieses Konzept stark aufgewertet wird, nicht für jeden Auszubildenden genügend Möglichkeiten zur Ausbildung der nötigen Fähigkeiten vorhanden. In der

---

[6] My-education Consulting 2003 in mmb Expertise 2004, S. 30
[7] Vgl. mmb Expertise, 2004, S. 8
[8] Vgl. Seufert/Mayr, 2002
[9] nordmedia, 2004, S. 6
[10] Vgl. nordmedia, 2004, S. 26
[11] Vgl. Graf, J. 2003, Weiterbildungsszene Deutschland 2003, S. 139 in mmb Expertise, 2004, S. 27
[12] Vgl. mmb Expertise, 2004, S. 27
[13] mmb Expertise, 2004, S. 25

Regel wird eine Unterstützung durch externe Bildungseinrichtungen unvermeidbar sein. Durch den angepassten Einsatz von E-Learning könnte gerade in kleinen und mittleren Unternehmen der Erfolg dieses Konzeptes gefördert werden.[14]

2.3 Lernende Unternehmen

Außerdem muss betriebliches E-Learning gut in das Wissensmanagement der Unternehmen integriert werden. E-Learning sollte ein wichtiger Bestandteil der Wissensvermittelung in einem „Lernendem Unternehmen" sein. *„Das setzt zugleich einen neuen, entgrenzten Begriff des Lernens voraus, der die Informationssuche ebenso beinhaltet wie die Kommunikation mit Fachkollegen."*[15]

„Die Mitarbeiter sind das eigentliche Kapital eines Unternehmens, und eine zentrale Aufgabe besteht daher darin, deren Wissen und Potential zu wecken und zu identifizieren, es auszubauen und zu fördern und es schließlich in das Unternehmen zu transferieren. Doch dazu müssen in der Regel vor allem in den kleinen und mittleren Unternehmen neue bzw. veränderte Weiterbildungsstrategien entwickelt und Weiterbildungsstrukturen aufgebaut oder gezielt implementiert werden."[16]

2.4 Vermischung von akademischen und betrieblichen Bildungsbereichen

E-Learning im Unternehmen stellt einen neuen, interessanten Markt dar. In diesem entstehen neue Bildungsmodelle und elektronische Bildungsmärkte. Dadurch verwischt zunehmend die Trennung zwischen akademischer und betrieblicher Bildung. *„In Zukunft werden private Bildungsanbieter und virtuelle Corporate Universities das staatliche Angebot im globalen Online-Bildungsmarkt beträchtlich erweitern. Sie stellen einerseits Konkurrenten für Universitäten dar, andererseits ergeben sich viele Möglichkeiten einer Zusammenarbeit."*[17]

2.5 E-Learning statt Rente

Für das Jahr 2030 prognostizierte das Bundesamt für Statistik einen Altenquotient (das Verhältnis von Rentenempfängern zu Erwerbstätigen) von 71, d.h. 71 Rentner auf 100 Erwerbstätige. Diese Zahl soll durch die Anhebung des Rentenalters auf 67 Jahre auf 39 gesenkt werden.[18]

Dadurch wird einerseits das Durchschnittsalter der Mitarbeiter steigen und andererseits werden ältere Mitarbeiter länger in Führungspositionen verbleiben. Diese brauchen – bei sich immer schneller ändern-dem Fachwissen – mehr Weiterbildung als bisher. Für die Gruppe der über 50jährigen bedarf es dafür aber einer eigenen Didaktik. Gleichzeitig trifft es eine Gruppe, die am Arbeitsplatz nicht so leicht abkömmlich ist und durch familiäre Verpflichtungen auch nicht so mobil ist wie jüngere Mitarbeiter in niedrigeren Positionen. Dadurch bietet sich hier E-Learning als Lernform an.[19]

Es existieren bereits Pilot-Projekte, die sich mit dieser Zielgruppe befassen. (z.B. AQUA – alternsgerech-te Qualifizierung der bfz-Bildungsforschung in Nürnberg.[20]

3 Begriff und Formen des E-Learning

Der Begriff E-Learning ist, wie übrigens viele Begriffe aus der Welt der so genannten neuen Medien, relativ unscharf definiert.[21] Die Praxis zeigt zum Beispiel, dass ein kommerzieller Anbieter von E-Learning in der Regel gerne das darunter versteht, was er gerade anzubieten hat.[22]

---

[14] Vgl. mmb Expertise, 2004, S. 25
[15] Vgl. mmb Expertise, 2004, S. 12
[16] nordmedia, 2004, S. 7
[17] Vgl. Seufert/Mayr, 2002
[18] Vgl. Statistisches Bundesamt, 2003, Bevölkerung Deutschlands bis 2050, S. 31-33, in mmb Expertise, 2004, S. 15
[19] Vgl. mmb Expertise, 2004, S. 15
[20] Siehe www.aqua-nordbayern.de (Diplomarbeit zum Thema abrufbar)
[21] Vgl. nordmedia, 2004, S. 12
[22] Vgl. nordmedia, 2004, S. 12

3.1 Begriff „E-Learning"

„E-Learning findet dann statt, wenn Lernprozesse in Szenarien ablaufen, in denen gezielt multimediale und (tele-)kommunikative Technologien integriert sind."[23]

Lernprozesse: Der Schwerpunkt liegt auf dem Lernen, nicht auf dem Lehren.[24]

Szenarien: Die Rolle des Lehrers besteht jetzt hauptsächlich darin, den Lernstoff aufzubereiten.dadurch sollte der Lernende maximal gefördert werden. *„Dies beginnt bei der Festlegung der Lernziele und bei der Festlegung der notwendigen Lernvoraussetzungen, geht über das geschickte Beeinflussen des Lernprozesses selbst und mündet schließlich in der Lernerfolgskontrolle."*[25]

Multimediale und (tele-)kommunikative Techniken: Auch Offline-Techniken werden dazu gezählt. Der Pädagoge muss sich auf Basis traditioneller Didaktik fragen: *„Wie kann ich Medien sinnvoll einsetzen, um meine angestrebten Lehrziele effektiv und effizient zu vermitteln?"*[26]

Gezielt integriert: E-Learning ist mehr als einfach neue Technologien zu verwenden. Es ist vielmehr ein Verfahren, das mithilfe passender Medien sinnvolle didaktische Konzepte umsetzt. *„Technische Ausgestaltung der neuen Medien und didaktische Konzeption müssen ineinander verzahnt werden."*[27]

E-Learning ist somit ein Sammelbegriff für alle Formen elektronisch gestützten Lernens, wobei nach Dichanz und Ernst mit dem „e" auch Verknüpfungen zu „easy", „entertaining", „elaborated" und „effective Learning" hergestellt werden.

Atwell spricht in seinem Vortrag die Tatsache an, dass, wenn man Mitarbeiter eines kleinen oder mittleren Unternehmens fragt, ob sie „E-Learning" benutzen, diese Frage nur von einem kleinen Prozentsatz positiv beantwortet wird. Fragt mal allerdings, wer in den letzten Monaten etwas mit Computern gelernt hat, ist der Prozentsatz bereits enorm. Und wenn man genauer nachfragt, wie z. B. die Mitarbeiter vorgehen, wenn es ein Problem mit einer Maschine gibt, stellt sich heraus, dass sie dann im Internet (WWW, Diskussionsforen, …) nach Lösungen suchen. Atwell geht sogar soweit die Frage zu stellen, ob nicht schon „E-Mail" eine Form von E-Learning ist.

„Aktuell erleben wir einen grundlegenden Wandel im Verständnis von E-Learning. E-Learning umfasst neben dem elektronischen Lernen ebenso das effektive Management des Lernens. Dazu zählen Aspekte wie Planung, Steuerung sowie Kontrolle von Personalentwicklungsprozessen und deren Organisation. E-Learning wird ein Instrument zur Personal- und Geschäftsentwicklung. Damit ist es zu einem strategischen Thema in Unternehmen geworden – ein Thema, das eine individuelle Gestaltung verlangt."[28]

3.2 Einige Begriffe der E-Learning-Landschaft

„CBT" steht für **Computer-based Training**. So bezeichnet man ein System, das computerunterstützt und multimedial Lerninhalte vermittelt und meistens auch Interaktionen in Frageform bzw. in Form von vorbestimmten Rückmeldungen beinhaltet. Dieses setzt sich aus sog. „Lernmodulen", in denen die zu lernenden Inhalte dargestellt werden sowie aus sog. „Testmodulen", mit denen der Lerner seinen Lernerfolg ermitteln kann.[29] Die Präsenz eines Ausbilders ist dabei nicht unbedingt notwendig. Diese Form ist besonders geeignet, wenn nur Faktenwissen, zu dem sich eindeutig beantwortbare Fragen ableiten lassen, vermittelt werden soll.[30]

Als sich das Internet mehr und mehr verbreitet hat wurden die CBTs zu WBTs weiterentwickelt. Diese Abkürzung steht dabei für **„Web based Training"**. Diese werden in der Regel nicht mehr auf CD-ROM oder ähnlichem, sondern über Inter- bzw. Intranet verteilt. Kommunikationsmöglichkeiten wurden so einfacher und verbreiteter. Durch E-Mail, Diskussionsforen usw. kann der Lernende sowohl mit den

---

[23] Seufert/Mayr, 2002
[24] Vgl. Seufert/Mayr, 2002
[25] Vgl. Stöckl (2000), S. 17ff. in Seufert / Mayr, 2002
[26] Vgl. Seufert/Mayr, 2002
[27] Vgl. Seufert/Mayr, 2002
[28] Vgl. Detecon, 2004, S. 4
[29] Vgl. Seufert/Mayr, 2002
[30] Vgl. Iltec, 2002, S. 6

Ausbildern als auch mit Lernkollegen in Kontakt treten.[31] „Tutorielle" Lernanwendungen geben einen Lernpfad vor, dem der Lernende folgen kann. Bei **„Hypertexten"** ist die Steuerung ganz dem Lernenden überlassen. Diese Hypertexte sind gekennzeichnet durch einen nichtlinearen Aufbau.[32]

Teleteaching hat mit dem traditionellen Unterricht am meisten gemeinsam. Vorträge, Präsentationen oder Podiumsdiskussionen werden bei dieser Form „live" übermittelt bzw. für einen späteren Zugriff aufgenommen. Persönliche Fragen und andere Beiträge kann der Lernende über einen Rückkanal beisteuern.[33]

Informationssysteme (z. B. Agenten, Assistenten oder FAQs usw.) und **Datenbanken** sind als reine Hilfen meistens passiv, d.h. der Benutzer konsultiert sie nach Bedarf. Über Suchfunktionen oder Inhaltsverzeichnisse können passenden Informationen bzw. Hilfen abgerufen werden.[34]

Eine **Simulation** stellt ein Modell eines Ausschnittes der Wirklichkeit dar. In solchen getrennt von der Praxis einsetzbaren Modellen entstehen Experimentiersituationen, in denen die Benutzer interaktive Bezüge ausprobieren sowie Erfahrungen mit den Reaktionen des Modells machen können. *„Simulationen sind also eine effektive Lernmethode zum Erwerb von Kompetenzen in komplexen Systemen."*[35]

Unter **Planspielen** versteht man eine Simulation von Entscheidungsprozessen. Dabei werden sog. „sozio-technische" Systeme abgebildet wie z. B. wirtschaftliche Kreisläufe. Der Spieler hat bestimmte Einflussmöglichkeiten, worauf das Modell in einem bestimmten Bereich reagiert. Strategie-Spiele, Börsenspiele, Computer-Rollenspiele oder Flugsimulatoren werden u.a. zu diesen Planspielen gezählt.[36]

Entwickelt wurde **Business-TV** als reines Unternehmensfernsehen. Es wird meist passiv, aber in neuerer Zeit auch oft interaktiv (mit einem Rückkanal über Text, Audio oder audio-visuell) eingesetzt. Die neueste Entwicklung geht hin zum noch wesentlich flexibleren internetbasierten Business TV.[37]

Aufgrund der Komplexität und des immensen Aufwandes zur Implementierung von klassischen E-Learning-Anwendungen und den damit verbundenen hohen Kosten, die sich so manches Unternehmen nicht leisten kann, hat sich die neue Form des **„Rapid-E-Learning"** entwickelt. Man bezeichnet damit Applikationen (z.B. „Breeze" von Macromedia oder „LECTURNITY" der imc AG) mit denen man meist aus vorhandenen Powerpoint-Vorlagen recht schnell und günstig brauchbare E-Learning-Inhalte generieren kann. Dazu können u. a. auf einfache Weise Tonspuren, Videoaufzeichnungen und Inter-aktionsmöglichkeiten bis hin zu Lerntests hinzugefügt werden. Außerdem bietet die Anwendung die nötigen Funktionalitäten für Diskussionsforen, Live-Videokonferenzen und anderes.[38]

Beim **„Learning on Demand"** – Konzept geht es darum, nicht wie bisher üblich im Voraus quasi „auf Vorrat" zu lernen, sondern dies unmittelbar erst dann zu tun, wenn sich konkrete Wissens- bzw. Kompetenzlücken auftreten. Bei der heute noch üblichen generellen Ausbildung wird viel gelernt, was man später nie mehr benötigt. Dies wird hier vermieden, und deshalb enthält diese Form ein enormes Sparpotential. Manche Unternehmen, die in sich schnell verändernden Märkten operieren, müssen ihre Mitarbeiter ständig „up-to-date" halten. Dies vollzieht sich meistens direkt am Arbeitsplatz. Als Nebenef-fekt sorgt so „Learning on Demand" für einen schnellen Transfer der erworbenen Kompetenzen in den Arbeitsprozess.[39]

Es gibt immer mehr Berufspendler und gleichzeitig nimmt auch die durchschnittliche Entfernung zum Arbeitsort immer mehr zu. Viele dieser Pendler nutzen unterwegs schon jetzt verschiedene Medien. Bei den Autofahrern ist dies der CD-Player oder das Radio, bei den Zugpendlern die Zeitung oder (Fach-) Bücher. Die Zugpendler wären eine echte Zielgruppe für das Lernen auf der Fahrt zur Arbeit. Dabei wird die fortschreitende technische Entwicklung (z. B. „Smartphones", d. h. Telefone die bald die gleichen Kapazitäten wie heute ein Desktop-PC besitzen werden) den Trend zum Lernen unterwegs zusätzlich

---

[31] Vgl. Seufert/Mayr, 2002
[32] Vgl. Iltec, 2002, S. 6
[33] Vgl. Iltec, 2002, S. 6
[34] Vgl. Iltec, 2002, S. 6
[35] Vgl. Iltec, 2002, S. 7
[36] Vgl. Iltec, 2002, S. 7
[37] Vgl. Seufert/Mayr, 2002
[38] E-learning-pressclub, München, 2004
[39] Vgl. Seufert/Mayr, 2002

vorantreiben. Was allerdings noch fehlt ist die Entwicklung geeigneter Plattformen. Daher ist das „Mobile-Learning", abgekürzt **„M-Learning"** noch in den Anfängen.[40]

3.3 Blended Learning

Bald kamen Mischformen der bereits genannten Kategorien mit den traditionellen Lernformen auf und so wurde ein neuer Begriff für diesen „Kategorienmix" benötigt.

„Blended Learning bezeichnet die didaktisch und wirtschaftlich sinnvolle Verknüpfung von verschieden-artigen Methoden und Medien im Rahmen von Lehr-/Lernkonzepten, wobei stets E-Learning-Ansätze miteinbezogen werden; die Kombination geschieht zielorientiert und im Sinne der optimalen Gestaltung bzw. Optimierung einer Lernmaßnahme sowie deren Lerneffekt."[41]

3.4 Aktuelle Entwicklungen

In dieser Grafik kann man sehr gut die vergangene Entwicklung von den „einfachen" E-Learning-Formen, des CBT bzw. WBT, wo nur standardisierte Aufgaben und noch wenig Kommunikation bzw. Tutoring praktiziert wurde, über das Blended Learning mit einem webgestützten Lernarrangement, mit effizienterer Gruppenarbeit, Training und erhöhter Aktualität, hin zu der aktuellen Stufe des Kompetenz-managements, erkennen. Bei diesem wird die ganze Firma zum „lernenden Unternehmen" und zu einer „Community" wo das Wissen wesentlich leichter ausgetauscht wird und maßgeschneidertes Lernen entsprechend den Firmenzielen stattfindet.[42]

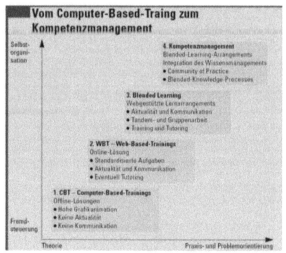

Abbildung 1

Diese maßgeschneiderten modernen Lernumgebungen geben dem Mitarbeiter den maximalen Komfort, um ihn optimal zu unterstützen und zu motivieren. Dieser kann über ein Portal auf alle Angebote zugreifen, die ganz auf seine Bedürfnisse zugeschnitten sind. (z.B. ein Web-based Training in Techni-schem Englisch, ein Computer-based Training zu „Windows 2003 Server" oder ein externer Kurs in Präsentationstechnik) Das Portal stellt dem Mitarbeiter unzählige Informationen zur Verfügung, Assisten-ten führen ihn durch das Angebot und helfen ihm, „seine" Weiterbildung (natürlich ganz im Einklang mit den strategischen Zielen des Unternehmens) selbst in die Hand zu nehmen.[43]

Dabei hilft ihm das sog. **„persönliche Lernkonto"**. *„Es enthält eine Übersicht über bereits absolvierte*

---

[40] Vgl. mmb, Expertise, 2004, S. 16
[41] Vgl. Keller, Back, St. Gallen, 2004, Blended Learning Projekte im Unternehmen
[42] Vgl. Sauter, 2004, S. 36 (Ausgabe 8/2004)
[43] Vgl. Ehlers u.a., 2003

und noch bevorstehende Trainings und vermittelt Einblick in persönliche Qualifikationen und Lernstrategien. Automatisch bietet das **Learning Management System** konkrete Lernangebote, die aus der Differenz zwischen Qualifikationsprofil und -bedarf ableitet. Es verfolgt den individuellen Lernfortschritt und steuert Lernprozesse. Der Anwender erfährt so jederzeit, wo er steht und welche Lernschritte er noch vor sich hat. Individuell wählbare didaktische Lernstrategien führen durch den einzelnen Kurs und sorgen für die dynamische Anpassung des Kursverlaufs an Lernsituation und Präferenzen des Teilnehmers. Hat er eine Lerneinheit erfolgreich abgeschlossen, werden die erworbenen Qualifikationen in seinen Personalstamm übertragen."[44]

3.5 Lernen im Verbund, Lernende Regionen

Ein neues viel versprechendes Qualifikationsmodell für kleine und mittelgroße Unternehmen wurde bei der bfz-Bildungsforschung in Nürnberg entwickelt und getestet. Es handelt sich dabei um einen Verbund von mehreren Betrieben, die sich durch Zusammenarbeit die Kosten für die Qualifikation teilen: Verbilligung durch gemeinsamen Einkauf der Lernplattform und gemeinsame Inanspruchnahme eines Beraters sind die Grundprinzipien der Kooperation. In den kleineren und mittelgroßen Unternehmen gibt es oft nur einzelne Mitarbeiter die für eine bestimmte Weiterbildung in Frage kommen und diese sind häufig nicht mehr an das Lernen gewöhnt und lassen sich zudem noch leicht von den Kollegen stören. Durch das bilden einer unternehmensübergreifenden Lerngruppe findet eine gegenseitige Unterstützung sowie ein überbetrieblicher Erfahrungsaustausch statt.[45]

In ähnlicher Weise haben sich bereits bundesweit 71 sog. „Lernende Regionen" gebildet, in denen Institute, Unternehmen, Bildungs- und andere Einrichtungen intensiv zusammenarbeiten. Ziel ist dabei die Entwicklung einer regionalen Lernkultur, die lebensbegleitendes Lernen ermöglicht und die Durchlässigkeit zwischen den verschiedenen Bildungsbereichen verbessert.
So entwickeln diese „Lernenden Regionen" unter anderem:
- Angebote zur individuellen Bildungsberatung,
- neue, mobile Lernorte und Lernstützpunkte,
- Qualitätsmanagement in der Bildung,
- Projekte zum Übergang von der Schule in den Beruf,
- maßgeschneiderte Weiterbildung in Zusammenarbeit mit kleineren und mittleren Unternehmen.
Wie an der Liste schon erkennbar wird spielt E-Learning darin eine sehr große Rolle, um diese Ziele besser erreichen zu können.[46]

3.6 Corporate Universities

Hierbei handelt es sich um unternehmenseigene Akademien, bei denen sich die Lerninhalte wesentlich an den Zielen (strategisch und kulturell) des Unternehmens orientieren. Im Sinne einer vollkommenen Integration, werden „die Aktivitäten weniger über die Vermittlung von Inhalten, sondern vielmehr über ihren Prozessbeitrag zur Lösung unternehmensrelevanter Problemstellungen definiert."[47] Bei geeigneter, virtueller Struktur handelt es sich heutzutage mehr und mehr um „Virtual Corporate Universities". Die folgende Übersicht vermittelt einen Eindruck über die Formen der Corporate Universities:[48]

[44] Vgl. Ehlers u.a., 2003
[45] Vgl. Becker, Berlin, Zeitschrift „Personalwirtschaft", 2/2004, S. 44ff
[46] Vgl. www.lernende-regionen.info, abgerufen am 21.01.2005
[47] Vgl. Seufert/Mayr, 2002
[48] Vgl. Seufert/Mayr, 2002

Kriterium/Typ	Top-Management Lesson	Qualification Center	Standardizatio Engine	Learning Lab	Educational Vendor
Strategische Ziele	Vision, Einbindung des Top-Managements in den Weiterbildungsprozess	Fachliche Weiterbildung	Vermittlung eines breiten Firmenwissens	Flexibilität, Innovations- und Anpassungsfähigkeit stärken	Vermarktung unternehmerischen Wissens
Zielgruppe	Intern: Top-Management	Alle Mitarbeiter	Alle Mitarbeiter, evtl. auch externe	Alle Mitarbeiter, Teams, Arbeitsgruppen	Alle Mitarbeiter, Kunden, Lieferanten...
Inhalte	Generelle Management-Themen	Generelles, unternehmensspezifisches Wissen	Vermittlung von Arbeitspraktiken Unternehmensspezifischem Wissen	Aktuelle Themen und problemorientiertes Wissen, Innovationen initiieren	Generelles, unternehmensspezifisches Wissen
Methodik	Customized Seminare, Diskussionsforen, Einbringen eigener Erfahrungen	Methodenvielfalt, selbstorganisierendes Lernen	Methodenvielfalt, besonders „on-the-job-Training"	Direkte Kommunikationsformen situiertes Lernen, integriert in Arbeitsalltag	Methodenvielfalt, Blended Learning Konzepte
E-Learning Einsatz	Interaktive Diskussionsforen, „Lern-Community"	Steigender Anteil an technologiebasierten Selbstlernprogrammen	Massenprodukte, Interaktive Lernsysteme, Online Kurse für eine breite Zielgruppe	Work-out Programme als Plattform für den Wissensaustausch, interaktive Lernprozesse	Medienmix, interaktive Produkte, Online Kurse, Education Portals

3.7 E-Learning-Beispiel[49]

Die Vertriebsmitarbeiter der Freudenberg Bausysteme KG wurden mit dem Training „Money Talk" fit für die Kostenrechnung gemacht. Konzeption und Durchführung zeigen exemplarisch die Erfolgsfaktoren der Implementierung von Blended Learning in einem Unternehmen auf. Dieses Projekt ist auf der LEARNTEC 2004 mit dem europäischen E-Learning Award ausgezeichnet worden. Wesentlich für diese Auszeichnung ist, dass sich das Konzept, die Methode und die Organisation des Best-Practice-Beispiels auf andere Organisationen übertragen lassen. (siehe www.eurelea.org)

3.7.1 Vorraussetzungen

E-Learning sollte es sein, da man die betroffenen Mitarbeiter nicht für mehrere Tage aus der Arbeit herausnehmen wollte. Die scheinbar „schnellen Lösungen" verschiedener Technologieanbieter deckten nicht den Bedarf. Deshalb wurde mit der Firma „Athemia" ein unabhängiger Weiterbildungsspezialist verpflichtet. Diese führte als erstes Strategie-Workshop durch, wo einerseits Lernkonzepte und Best-Practices vorgestellt und andererseits Ziele und Rahmenbedingungen (Zielgruppen, Themenstellungen, Grob-Lernziele, Infrastruktur und Lernkultur) analysiert wurden. Anschließend entwickelte man ein Strategiepapier mit möglichen Szenarien. Statt zu punktuellen Maßnahmen entschied man sich für einen Qualifizierungsprozess, der einerseits die maximale Freiheit des einzelnen garantiert, aber andererseits

---

[49] Rupp, Sandquist, 2004

auch den Lernerfolg und das Erreichen der Unternehmensziele sichert.
"Oft finden sich strategische Unternehmensziele nicht in eindeutigen Lernzielen wieder, denn jede Qualifizierung muss einer Leitidee folgen mit korrekter Formulierung der Lernziele und den zu erreichenden Kompetenzen. Erst danach kann man sich für Lern- und Arbeitsformen, Methoden und Medien entscheiden und sie optimal aufeinander abstimmen. [50]* "* Ziel war hier, dass *„Führungskräfte und Mitarbeiter in Marketing und Vertrieb Einflussfaktoren und Stellschrauben kennen, um durch bewusste Steuerung des Einsatzes von Ressourcen die Marktführerschaft zu sichern."* Man entschied sich für folgendes Konzept:

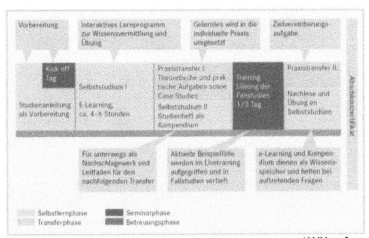

Abbildung 2

Schritt 1: Kick off / Information. In einem kurzen Treffen werden alle Teilnehmer mit allen wichtigen Informationen versorgt. (Ziele der Fortbildung, Curriculum, Selbststudium, obligatorischer Transfer, persönlicher Ansprechpartner, Demonstration der Studienmaterialien, Studienanleitung)
Vor dem Beginn des Selbststudiums muss eine persönliche Beziehung zu den Betreuern hergestellt werden, da sich so die Teilnehmer später leichter trauen Nachzufragen und sich bereiter betreuen lassen.

Schritt 2: Selbststudium. Training der theoretischen Inhalte. Die Lerner erfassen, dass Ihre persönlichen Ziele mit denen des Unternehmens harmonieren. Am Ende dieser Phase erfolgt ein Test. Bei Bestehen erhalten sie ein Zertifikat und beginnen mit der Transferaufgabe. So wird vermieden, dass eine inhomogene Gruppe die nächste Phase beginnt.

Schritt 3: Transfer in die Berufspraxis. Die Teilnehmer untersuchen anhand einer Aufgabensammlung rückblickend ein individuelles Praxisprojekt und optimieren es wirtschaftlich. Währenddessen steht ihnen ein fester Ansprechpartner mit E-Mail und Telefon zur Verfügung der ihnen jederzeit unter die Arme greift. Das Studienheft dient als Theorie-Leitfaden zum Nachschlagen und Einprägen. Das Ergebnis der Aufgabe wird festgehalten und eingereicht worauf ein schriftliches Feedback erfolgt. Damit wird vor dem wichtigen Live-Seminar wieder die Homogenität der Gruppe sichergestellt.

Schritt 4: Live-Seminar. Es wird eine Fallstudie vorgestellt und in Gruppenarbeit gelöst. Der Lernerfolg wird so auch als Gruppe erfahrbar. Erstaunlicherweise verwandelt sich dieser Workshop – im Gegensatz zu früher – zu einem Erfahrungsaustausch und die Trainer übernehmen mehr die Rolle des „Coach und Vermittlers" als die der „Lehrenden". Ein halber Tag ist bereits ausreichend.

Schritt 5: Zweiter Transfer in die Berufspraxis. „Damit alle Instrumente direkt in der Berufspraxis angewandt werden können, sind sie nach der eigentlichen Beendigung zu einem zweiten Transfer aufgefordert, die Ergebnisanalysen unter verschiedenen Gesichtspunkten zu analysieren." Wieder steht ein Ansprechpartner zur Verfügung und es gibt wieder Feedback auf das eingereichte Ergebnis. So

---

[50] ebd.

bleibt das Gelernte präsent und wird nicht schnell wieder vergessen.
Das Lernprogramm und das Studienheft können auch später noch jederzeit als Nachschlagewerk
benützt werden. Aufkommende Fragen können direkt mit den Vorgesetzten geklärt werden.

3.7.2 Wichtige Elemente für die erfolgreiche Durchführung

Das Einfordern von Ergebnissen ist eine Konstante erfolgreicher E-Learning-Prozesse. Die Teilnehmer
müssen von Beginn an ihren Vorteil sehen, um gerne zu lernen. Außerdem muss ständig überprüft
werden, ob die Teilnehmer die geplanten Lernziele erfolgreich erreichen, da sonst die nächste Etappe
nicht mehr funktioniert.
„Technologische Fragen wurden den methodisch-didaktischen untergeordnet". Auch ohne teure
Lernplattform konnte mit einem CBT hier alles erreicht werden. Gleichzeitig hält sich dieses an alle
gängigen Standards (AICC, SCORM) und kann somit optional später einfach in eine Lernplattform
integriert werden.
Das Wissen über die Prozesse und Fakten war in den Köpfen der Unternehmensmitarbeiter vorhanden.
Erst durch die professionelle Beratung und Unterstützung wurde dieses Wissen freigelegt und in
explizites Wissen umgewandelt, auf das anschließend alle Mitarbeiter des Unternehmens zugreifen
können. Durch die gründliche Untersuchung der Arbeitsprozesse werden oft Optimierungen vorgenom-
men, die die tägliche Arbeit vereinfachen helfen und den Unternehmen helfen, Kosten einzusparen.
Zur Erreichung der notwendigen Motivation und Akzeptanz im Unternehmen waren Vertreter der
Zielgruppen schon von Anfang an in die Konzeptionsphasen eingebunden. So konnte auf Vorkenntnisse
aufgebaut werden. Alle Materialien wurden mit dem Arbeitsalltag abgestimmt. Beteiligt waren die
Vertriebsleitung, Marktsegment & Key Account Manager, das Controlling sowie der Betriebsrat.

*„Die schlichte Vermittlung von Faktenwissen gibt den Mitarbeitern zwar eine solide Basis, wird sie aber
in der Regel nicht befähigen, die Verkaufszahlen und Margen zu steigern."* Alle Aufgabentypen sind
tatsächlich berufliche Herausforderungen. Erst nach intensivem Üben wandelt sich Wissen zu individu-
eller **Problemlösungs- und Handlungskompetenz**. Die Gruppenarbeit trug in besonderer weise dazu
bei, dass die Teilnehmer voneinander und von ihren verschiedenen Erfahrungen lernen.
E-Learning wandelt die Lern- und Arbeitskultur in jedem Unternehmen. Deshalb muss jeder Schritt
ausgearbeitet sein. Deshalb wurden mit Abteilungsleitern und Führungskräften in einem eigenen Treffen
die anstehenden Veränderungsprozesse geplant und strukturiert. Diese hatten zuerst Bedenken, weil
das Lernen am Arbeitsplatz, sich scheinbar ihrer Kontrolle entzieht. Dem wurde begegnet, indem man
sie diskutierte und sie selbst als Verantwortliche in den Prozess mit integriert wurden. Neben den
Tutoren haben sie die Lernphasen ebenso geleitet und begleitet.
Checklisten halfen den Lernern die unbekannten Schwierigkeiten beim Einstieg in das E-Learning zu
überwinden. So war ihnen schon vorab bewusst, dass die neue Lernform mehr Eigenverantwortung und
Disziplin fordert, aber im Gegenzug auch einen wesentlich größeren Spielraum bietet.
Ein weiteres wichtiges Resultat ist die Tatsache, dass der Lerner nie allein gelassen werden darf! Um
dies zu Verhindern erfolgte eine Einweisung der Betreuer, so dass diese die **ständige Ansprechbarkeit**
gewährleisten konnten, denn nur eine fundierte Rückmeldung ermutigt zum Weitermachen. Der Lerner
wird zweifach betreut: einerseits durch die integrierte Führungskraft als direktem Vorgesetzten und
andererseits durch die Seminarleitung als Coach.
Schlussendlich muss unbedingt eine **Erfolgskontrolle** durchgeführt werden. Bereits im Vorfeld müssen
die Kennzahlen festgelegt werden, die sich durch die Lernmaßnahme verbessern müssen. Gleichzeitig
wird auch u. a. die Zufriedenheit der Mitarbeiter oder die Steigerung der Motivation gemessen. Das
Projekt muss es ermöglichen langfristig den ROQI (Return on Qualification Invest) zu berechnen. (d.h.
ob sich eine Maßnahme auch tatsächlich für das Unternehmen rechnet)

4 Verbreitung des E-Learning

Nachdem im ersten Teil die Entstehungsbedingungen, Begriffe und Formen erörtert wurden, betrachten
wir in diesem Kapitel anhand einigen Datenmaterials aus ausgewählten Studien die aktuelle Verbreitung
des E-Learnings in deutschen Unternehmen. Leider konnten wir aus den eingangs erwähnten Gründen
auf verschiedene Studien nicht zugreifen. Aufgrund des schnellen Wandels haben wir uns auch auf

Ergebnisse aus 2003 und 2004 beschränkt. Weiterhin ist zu berücksichtigen, dass die den Studien zugrunde gelegte Definition von E-Learning oft verschieden ist.

4.1 Integrationsbedarf bei Grossunternehmen

Besonders viele größere Unternehmen haben aktuell das Problem einer nicht ausreichend abgestimmten Verwendung verschiedener Lern- und Veranstaltungsmanagementsysteme. Bei einem deutschen Konzern zählte die Firma Detecon mehr als zehn verschiedene, größtenteils untereinander inkompatible Lernplattformen. Jede wurde von ihrem Bereich mit eigenen Mitteln entwickelt und betrieben. Trotzdem haben sie gemeinsam nur 20% der Mitarbeiter des Unternehmens erreicht. Hier könnten durch ein einheitliches Lernmanagementsystem viele Kosten eingespart sowie mehr Mitarbeiter erreicht werden.[51]

4.2 Internetnutzung in „KMU" (kleinen und mittleren Unternehmen)[52]

49/53 Unternehmen nutzen Internet zur Informationsrecherche
24/53 nutzen Intranet
50/53 haben eine Firmenhomepage
34/53 nutzen Internet für die Beschaffung
15/53 nutzen Internet für den Vertrieb

Selbst in den kleineren Unternehmen ist das Internet bereits sehr gut verbreitet und damit eine Grundvoraussetzung für einen erfolgreichen E-Learningeinsatz gegeben.

4.3 E-Learning nach Unternehmensgröße

6 von 53 der kleinen und mittleren Unternehmen (20 – 500 Beschäftigte) in Nordrheinwestfalen nutzen E-Learning. Weitere 7 von 53 planen E-Learning einzusetzen.[53]

E-Learning nach Betriebsgröße[54]

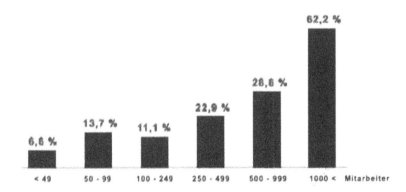

Abbildung 3

Man sieht deutlich, dass E-Learning vor allem in den großen Unternehmen schon gut Fuß fassen konnte. Aber bei den kleineren und mittleren Unternehmen sieht es sehr mager aus. Diese zögern noch mit der Einführung von E-Learning. Hier werden sicher die aktuellen Weiterentwicklungen und erfolgreichen Pilotprojekte in den nächsten Jahren gute Früchte bringen.

---

[51] Vgl. Detecon, 2004, S. 10
[52] Vgl. mmb Studie, 2004, Folie 5
[53] Vgl. mmb Studie, 2004, Folie 6
[54] Vgl. Gesamtmetall, Berlin, 2003

4.4 Weiterbildungsformen der KMU[55]

49/53 Unternehmen nutzen externe Lehrveranstaltung
42/53 interne Lehrveranstaltung
33/53 Informationsveranstaltungen
24/53 Lernen am Arbeitsplatz
22/53 Lernen mit Medien

Nach dem allgemeinen Lernen mit Medien gefragt sieht die Situation schon besser aus. Die neuen Formen haben durchaus in Teilaspekten (ein CBT-Lehrgang auf CD da – abgerufenes Wissen aus dem Internet dort) schon etwas Fuß fassen können, was aber noch überhaupt nicht eingesetzt wird sind E-Learning-Konzepte. Die externe Lehrveranstaltung überwiegt noch deutlich.

4.5 E-Learning Verbreitung in KMU nach Branchen[56]

In der folgenden Grafik kann man gut die Verbreitung je Branche erkennen. Auf den beiden Achsen ist einerseits die aktuelle E-Learning-Verbreitung und andererseits das voraussichtliche E-Learning-Wachstumspotential aufgetragen. Weiter wird unterschieden in die vier Sektoren „Nachzügler", „Hoffnungsträger", „Aufsteiger" und „Etablierte". Es wird deutlich, dass sich in einigen Branchen E-Learning schon gut etabliert hat bzw. ein gewisses Wachstumspotential vorhanden ist, es aber auch die „Nachzügler" gibt, wo noch so gut wie kein E-Learning angewandt wird.

Abbildung 4

4.6 Formen des E-Learning (M+E[57])

Computer Based Training, 21,8%
Web Based Training, 13,4%
Blended Learning, 9,9%

---

[55] Vgl. mmb Studie, 2004, Folie 9
[56] Vgl. Köllinger/Ross, 2003
[57] Vgl. Gesamtmetall, Berlin, 2003

4.7 E-Learning nach Unternehmensbereich

Metall und Elektro[58]
Verwaltung/Buchhaltung/Controlling, 80,9%
Einkauf/Verkauf/Vertrieb/Marketing, 77,7%
Forschung und Entwicklung, 57,4%
Produktion/Arbeitsorganisation, 51,1%

Allgemein
Die folgende Grafik zeigt, in welchen Bereichen E-Learning bereits im Einsatz ist.[59]

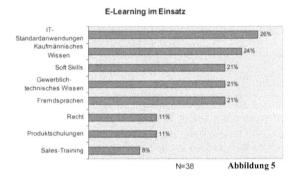

N=38   Abbildung 5

4.8 Lernorte des E-Learning (Metall u. Elektroindustrie[60])
Auffallend ist, dass doch (noch) relativ viele von Ihrem Arbeitgeber einen PC bekommen, um zu Hause zu lernen. Die Akzeptanz und Möglichkeit am Arbeitsplatz zu lernen scheint dort zu fehlen.

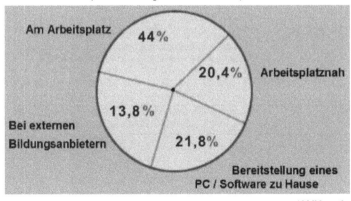

Abbildung 6

---

[58] Vgl. Gesamtmetall, Berlin, 2003
[59] Pixelpark, 2004
[60] Vgl. Gesamtmetall, Berlin, 2003

5 Zukunftsaussichten für E-Learning

Die Erfahrungen aus wirklichen E-Learning-Projekten in Unternehmen und aus vielen Studien machen deutlich, dass soziale, organisatorische und individuelle Vorbedingungen eine vielleicht entscheidende Rolle für den Erfolg des E-Learning-Einsatzes spielen. *„Lernen ist ein sozialer Prozess, der Kontakte mit anderen Lernenden und dem Dozenten in der Regel voraussetzt. E-Learning-Angebote, die dies vernachlässigen, finden nur eine geringe Akzeptanz."*[61]

Auch die Integration des E-Learnings in den Arbeitsplatz stellt sich lange nicht so einfach dar, wie man es in vielen Beschreibungen von Projekten lesen kann. Hier müssen von den jeweiligen Sozialpartnern tragfähige Angebote entwickelt werden. *„Der gegenwärtig häufig beschrittene Weg, das Lernen an den* **„Heimarbeitsplatz"** *zu verlegen, macht das Problem des arbeitsplatznahen Lernens besonders deutlich."*[62]

Voraussetzung für erfolgreiches E-Learning ist weiterhin, das der einzelne Teilnehmer bereits die Kompetenzen zum **selbstgesteuerten Lernen** besitzt und sich auch dafür zu motivieren weiß. Denn - *„die Entwicklung solcher Kompetenzen stand im schulischen und beruflichen Lernen nicht gerade im Vordergrund, um es vorsichtig zu formulieren."*[63] Daher ist es hilfreich und notwendig, dass die Einführung dieser Lernformen im Unternehmen von der Unternehmensleitung als absolut gewollt und erwünscht kommuniziert wird![64]

Alle Untersuchungen zur Akzeptanz von E-Learning zeigen außerdem es notwendigerweise einer Integration des virtuellen Lernens in den „klassischen Präsenzunterricht" (oder umgekehrt) bedarf, zusammengefasst unter dem Begriff des **„Blended Learning"**. *„Nur wer für die jeweilige Zielgruppe die passende Mischung aus „altem" und „neuem" Lernen bereitstellt, wird in Zukunft am Markt bestehen."*[65]

Es ist wichtig, dass jeder Lernprozess für Mitarbeiter und Unternehmen gleichermaßen Vorteile bringt. In der folgenden Tabelle sind mögliche **Mehrwerte durch E-Learning** zusammengefasst.[66]

Aus Mitarbeitersicht	Aus Unternehmenssicht
Persönliche Weiterentwicklung durch das Auseinandersetzen mit neuen für den Arbeitsplatz relevanten Lerninhalten	Positives Innovationsklima im Unternehmen Kompetenzerweiterung in den jeweiligen Arbeitsbereichen <-> bessere Arbeitsergebnisse <-> zufriedenere Kunden Qualifizierung ermöglicht innovative Produktentwicklungen
Erarbeitung neuer beruflicher Perspektiven	Abgestimmte Karriereplanung als Personalentwicklungsinstrument ermöglicht u.a. den Aufbau eines unternehmensinternen Pools für Nachwuchsführungskräfte Durch Chance zur Weiterqualifizierung Stärkung der Bindungskraft an das Unternehmen
Sicherung des Arbeitsplatzes	Lerngeübte Mitarbeiter sind eher in der Lage, sich in veränderte Arbeitsplatzbedingungen einzufinden

---

[61] mmb Expertise, 2004, S. 11
[62] mmb-Expertise, 2004, S. 11
[63] Vgl. mmb-Expertise, 2004, S. 12
[64] Vgl. nordmedia, 2004, S. 18
[65] Vgl. mmb-Expertise, 2004, S. 12
[66] Vgl. nordmedia, 2004, S. 9

Aus Mitarbeitersicht (Fortsetzung)	Aus Unternehmenssicht
Erhaltung der Arbeitsfähigkeit	Weniger Widerstand bei Einführung neuer Arbeits-verfahren und –prozesse Mehr Sicherheit am Arbeitsplatz und der Ausbau von Kompetenzen erhöhen die Zufriedenheit bei Mitarbeitern
Positives Bild bei Vorgesetzten: wenn die Bereit-schaft zur Weiterbildung z.B. unternehmensintern als vorbildlich und willkommen kommuniziert wird	Stärkung beim Aufbau einer veränderten Unter-nehmenskultur in Richtung einer Entwicklung zum lernenden Unternehmen
Sicherheit im Umgang mit neuen Medien	Abbau von Ängsten bei der Umstellung auf neue Technologien oder Softwareprodukte Schnellere Einarbeitung in neue Technologien
Kenntnisse komplexer Lernarrangements führen zur einer Stärkung von Selbstlernkompetenzen (Problemlösekompetenz)	Ausbildung einer insgesamt höheren Problemlöse-fähigkeit bei Mitarbeitern durch das erlernte Beschaffen von Informationen und Hilfen aus aufgebauten Netzwerkstrukturen, aus alternativen Informationsquellen (Internet, CD-ROMs...)

Nicht selten steht die tatsächlich gelebte betriebliche **Lernkultur** (Machtverhältnisse, Hierarchien, Kontrollen) neuen gezielten Weiterbildungsanstrengungen und damit manchmal leider auch der Einfüh-rung von innovativen Weiterbildungsformen, wie z.B. mittels E-Learning, entgegen.[67]

Es wird von dem verblüffenden Phänomen berichtet, „dass Teilnehmer, die über Jahre hinweg gelernt hatten, dass man Wissen besser für sich behält oder allenfalls im Beisein des Lehrers oder Vorgesetzten weitergibt, öffnen sich in den Foren der Lerngemeinschaft nahezu vorbehaltlos und tauschen produktiv ihre Gedanken und Ideen aus, wenn bestimmte Bedingungen gegeben sind." [68] Hier kann z.B. ein Rahmen von Meetings und Workshops mit persönlichem Austausch und Selbstverpflichtungen Verbind-lichkeit schaffen.[69] Wenn diese Bedingungen vorhanden sind beginnen Teilnehmer im E-Learning schnell, sich selbst sogar *als Experten zu begreifen und mit den Trainern, die das Geschehen vor allem methodisch steuern, auf kollegialer Augenhöhe projektorientiert zusammen zu arbeiten."[70]*

In der folgenden Tabelle[71] finden sich zusammengefasst die Unterschiede zwischen einer herkömmli-chen Lernkultur, die E-Learning eher blockiert und einer innovativen Lernkultur, die dieses fördert.

Herkömmliche Lernkultur	Innovative Lernkultur
Vermittlung von Kenntnisse und Fertigkeiten als Reaktion auf Entwicklungen im Unternehmen und in dessen Umfeld.	Ausrichtung des Lernens auf Kompetenzentwick-lung und den Erwerb reflexiver Handlungsfähigkei-ten.
Lernen in strukturierten, didaktisch-intentional angelegten Lernumgebungen.	Lernen in „natürlichen" Lernumgebungen als Erfahrungslernen, Vernetzung mit intentionalem Lernen innerhalb und außerhalb der Arbeit unter Einbezug neuer Medien und unterschiedlicher Lernorte

---

[67] Vgl. nordmedia, 2004, S. 10
[68] Vgl. Sauter, 2004, S. 25
[69] ebd.
[70] Vgl. Sauter, 2004, S. 26
[71] Vgl. Dehnbostel, 2001, S. 89

E-Learning in Unternehmen – Formen und Verbreitung im Überblick   Seite 18 von 22

Herkömmliche Lernkultur (Fortsetzung)	Innovative Lernkultur
Lerninhalte werden als geschlossene Wissenssysteme bzw. Teile davon verstanden. Erwerb von Theoriewissen, im Wesentlichen von didaktisch reduziertem Fachwissen.	Lerninhalte bzw. Wissen sind nicht abgeschlossen sie sind abhängig von individuellen und sozialen Kontexten. Wissen wird aus komplexen Lernsituationen konstruiert, Erfahrungswissen wird erworben und mit Theoriewissen verbunden.
Präzise Reproduktion des Wissens in vorhersehbaren, festgelegten Handlungssituationen.	Wissen wird in offenen, gestaltbaren Handlungssituationen angewandt und nutzbar gemacht.
Lernende machen nach, nehmen auf, sind rezeptiv.	Lernende organisieren und steuern Arbeits-Lernprozesse weitgehend selbständig.
Lehrende leiten an, machen vor, erklären; sie sind Vermittler von Theoriewissen.	Lehrende sind Berater und Mitgestalter von Lernprozessen; sie schaffen die Voraussetzungen, Denk- und Lernprozesse auszulösen.

Weiterbildung ist in Deutschland nach dem Krieg als Belohnung für Angestellte und Manager entstanden. Eine systematische, fachliche Weiterbildung entstand erst in den späten 70er Jahren. *„Diese Kultur der Belohnung wirkt sich bis heute aus. Man geht davon aus, dass nur ein kleinerer Teil der Weiterbildungsangebote ausschließlich als fachlich methodische Weiterbildung wahrgenommen wird."* [72] Hier muss ein grundlegender Wandel stattfinden, damit E-Learning Erfolg haben kann. [73]

Die meisten der verfügbaren Informationen im Bezug auf die Softwareprodukte sind nicht neutral. Es handelt sich meist um direkte Vorstellungen der Hersteller, bzw. „unabhängiger" Berater, die aber auch Ihr Geld durch die Vermittlung der Softwareplattformen verdienen möchten. Selbst viele Bücher zum Thema gleichen mehr gekauften Werbeprospekten. Umso ernster ist sicher die folgende in einem Vortrag bei einer e-Learning Tagung des IAO gemachte Aussage zu bewerten. [74]

Die Firma INA Schaeffler KG stand vor der Herausforderung weltweit ihre Ingenieure, Techniker und Vertriebspartner weiterbilden zu müssen. Aufgrund des Anforderungsprofils kam nur eine E-Learning-Plattform in Frage. Dazu hat man den Markt erforscht und dabei 11 Lernplattformen unter die Lupe genommen. Ernüchterndes Fazit: Keine einzige war brauchbar, alle wollten **„Beta"-Versionen** mit teurer Anpassung (Customizing) verkaufen. So war die Firma gezwungen, ihre eigene Lösung zu entwickeln.

E-Learning ist also in jedem Fall technologie-, d.h. computerunterstütztes Lernen. Aber wenn wir uns die **Weiterentwicklung der Computer** in den nächsten Jahren ansehen, dann stellt sich die Frage, was wir überhaupt noch lernen werden. Die Veränderungen können so umfassend und revolutionär sein, dass es sich lohnt, einen kurzen Blick darauf zu werfen. Im folgenden ein Auszug aus dem Vortrag von Hermann Maurer, Direktor des Instituts für Informationssysteme und Computer Medien (IICM), TU Graz, "The PC in 6 to 10 Years: What will this mean for Learning ... and for Life". [75]

---

[72] Behrendt, 2002, S. 7
[73] Vgl. ebd.
[74] Vgl. Köhler, 2004
[75] Vgl. http://www.cti.ac.at/online-lab/ICL_Archive/2004/videos/5/5.htm, abgerufen am 15.01.2005

So könnte bereits 2012 die normale Ausstattung von einem jeden von uns aussehen. Dazu muss nicht einmal Neues Erfunden werden, nur das vorhandene Technik etwas weiterentwickelt.
1) Der eigentliche PC im Zigarettenschachtelformat
2) Lautsprecher an den Enden der Brille
3) Stirnband um Gehirnaktivitäten zu messen (Dateneingabe erfolgt u. a. durch Denken)
4) Videokamera und Kompass
5) Mit kleinen Spiegeln in der Brille wird ein 3D-Bild direkt auf die Netzhaut projiziert
6) Mikrofon zur Spracherkennung, sowie kleine Lautsprecher (z.B. zur simultanen Sprachübersetzung)

Ein solches System könnte umwälzende Auswirkungen auf unser Leben und Lernen

Abbildung 7

haben. Es wird z.B. keinen Sinn mehr machen ein Einstiegsniveau an Fremdsprachen zu erlernen, denn das Simultanübersetzen zur einfachen Kommunikation erfolgt automatisch. Werden wir noch (Hand-) Schreiben lernen? Wozu? Jegliche Dateneingabe erfolgt durch Sprache, Gedanken, Gestenerkennung oder durch eine virtuelle Tastatur mit den Händen. Telefon/Computerbenutzung ist möglich, ohne dass mein Gegenüber etwas davon merkt! (Jederzeit kann ich also unbemerkt Rat einholen, recherchieren…) Wozu noch Faktenwissen „im Voraus" lernen, wenn der verfügbare Datenspeicher für alle Bücher dieser Erde ausreichen wird, und man diese Informationen sogar nachschlagen kann, ohne das unser Gegenüber etwas davon merkt? Wozu noch Handlungskompetenzen erwerben, wenn es vielleicht 24h-Online-Hotlines mit Experten geben wird, die mir jederzeit zu jeder Situation kompetente Ratschläge geben können?

Die Folge wird sein, dass viel Wissen nicht mehr in menschlichen Gehirnen sondern ausschließlich in Computern gespeichert sein wird. „E-Learning" wird Alltag sein. Das einzige was uns noch zu lernen bleibt sind Fähigkeiten, z.B. die Schnürsenkel der Schuhe binden oder Autofahren (falls Autos bis dahin nicht automatisch fahren). Hier stellt sich unweigerlich die Frage, wie viel wir an Computer delegieren können um dabei noch ganz Mensch zu bleiben?

6 Fazit

Auch wenn wir viele Bereiche nur streifen konnten ist doch deutlich geworden worauf es ankommt und welche enorme Dynamik sich im ganzen E-Learning-Bereich verbirgt. Die Zukunft (und wohl auch die „natürliche Auslese", d.h. die harten Bedingungen des „Marktes") wird zeigen wie Unternehmen in der Lage sind, sich an die veränderten Rahmenbedingungen anzupassen. Eines erscheint sicher – das Lernen (egal ob am Arbeitsplatz, unterwegs oder zu Hause) wird nicht mehr das gleiche sein wie heute.

7   Quellen

Atwell, Vortrag auf der Learntec 2004 „The Challenge of Learning in SME", www.theknownet.com, abgerufen am 20.12.2004 von www.learntec-online.de

Arbeitgeberverband Gesamtmetall, Berlin, 2003, „E-Learning in der betrieblichen Praxis" – Ergebnisse einer Unternehmensbefragung in der Metall- und Elektroindustrie, abgerufen am 27.12.2004 von www.gesamtmetall.de

Behrendt, 2002, e-Learning vor dem Scheideweg? Neue Wege des Lernens und Arbeitens oder was hat TCP/IP mit Shareholder Value zu tun?, aktualisierte Fassung eines Vortrages vom 19. April 1999 im Haus der Technik, Essen, www.imkmedia.de, abgerufen am 22.12.2004

Dehnbostel, P., Esstentials einer zukunftsorientierten Lernkultur aus betrieblicher Sicht. In: Brödel u.a.: Arbeiten und Lernen. Lernkultur Kompetenzentwicklung und innovative Arbeitsgestaltung. QUEM-report, Heft 67, Berlin 2001, S. 81-90 zitiert in: Schüßer, Berlin, 2004

Detecon GmbH, Eschborn, 2004, „E-Learning als Instrument der Personalentwicklung: Strategien für ein integrationsorientiertes Bildungsmanagement", White Paper, abgerufen am 20.12.2004 von www.detecon.com

Dichanz, H./Ernst, A., E-Learning - begriffliche, psychologische und didaktische Überlegungen. In: Scheffer, U./Hesse, F.: E-Learning: Die Revolution des Lernens gewinnbringend einsetzen, Stuttgart 2002

e-learning-presseclub, München, Pressemitteilung zur 5. Fachtagung des am 8. Juli 2004, www.elearning-presseclub.de, abgerufen am 20.12.2004

Ehlers, Gerteis, Holmer, Jung (Hrsg.), Bielefeld, E-Learning-Services, wbv, 2003

Hamburg, Lindecke, E-Learning für KMU – eine Untersuchung europäischer Projekte, Vortrag auf der GTW-Herbstkonferenz 2004

ILTEC, München, 2002, Der Einsatz von eLearning in Unternehmen – ein Leitfaden, abgerufen am 23.12.2004 von www.iltec.de

Kerres, M., Online und Präsenzelemente in Lernarrangements kombinieren. In: Holenstein, A./ Wilbers, K. (Hrsg.): Handbuch E-Learning. Köln 2002, Grundwerk Dezember 2001, 4.5, zitiert in: Schüßler, Berlin, 2004

Köhler, INA Schaeffler KG, Hirschaid, Vortrag „Lernen am PC und in der Präsenzphase – ein Erfahrungsbericht", beim IAO Fraunhofer Institut für Arbeitswirtschaft und Organisation, eLearning-Tagung am 26.10.2004

Köllinger/Ross, Düsseldorf, Symposion, Marktstudie E-Learning, 2003 in mmb Studie, 2004, Folie 10

mmb, Institut für Medien- und Kompetenzforschung, Expertise „Status quo und Zukunftsperspektiven von E-Learning in Deutschland", Essen, 2004, abgerufen von www.mmb-institut.de am 23.12.2004

mmb, Institut für Medien- und Kompetenzforschung, Luxus oder Lösung: E-Learning und Wissensmanagement in KMU? – Eine kritische Bestandsaufnahme, Vortrag auf der Learntec 2004 am 11. Februar 2004, abgerufen von www.mmb-institut.de am 20.12.2004

nordmedia, Hannover, eLearning in der Weiterbildung in Kleinen und mittleren Unternehmen (KMU) www.elearning-zentrum.de, 2004, abgerufen am 21.12.2004

Pixelpark, deutsche Medienakademie, Köln, 2004, Online-Untersuchung E-Learning, abgerufen am 22.12.2004 von www.pixelpark.de

Rupp, Sandquist, Zeitschrift „management & training", Ausgabe 3/2004, S. 26ff, abgerufen am 20.01.2005 von www.athemia.de

Schüßler, Berlin, 2004, Lernwirkungen neuer Lernformen, QUEM-Materialien 55, abgerufen von www.abwf.de am 20.12.2004

Schüßler,I./Weiß, W., Lernkulturen in der New Economy – Herausforderungen an Personalentwicklung im Zeitalter der Wissensgesellschaft. In: Arnold, R./ Bloh, E. (Hrsg.): Personalentwicklung im lernenden Unternehmen. Baltmannsweiler 2001, S. 254-286, zitiert in: Schüßler, Berlin, 2004

Sauter, 2004, „Die vierte Welle des E-Learning", Wissensmanagement 1/2004, S. 24ff, abgerufen von www.athemia.de am 20.01.2005

Sauter, 2004, „Das Kosten sparende Element", Personalwirtschaft 8/2004, S. 36, abgerufen von www.personalwirtschaft.de am 22.12.2004

Seufert/Mayr, Fachlexikon e-le@rning, 2002

8 Abbildungsverzeichnis

Abbildung 1: Vom Computer-based-training zum Kompetenzmanagement, Sauter, 2004

Abbildung 2: Ablauf des Lernprozesses im E-Learning-Beispiel, Rupp, Sandquist, 2004

Abbildung 3: E-Learning nach Betriebsgröße, Gesamtmetall, Berlin, 2003

Abbildung 4: E-Learning-Verbreitung nach Branchen, Köllinger/Ross, 2003

Abbildung 5: E-Learning nach Unternehmensbereich, Pixelpark, 2004

Abbildung 6: Lernorte des E-Learning, Gesamtmetall, Berlin, 2003

Abbildung 7: PC-Technik 2012, http://www.cti.ac.at/online-lab/ICL_Archive/2004/videos/5/5.htm, abgerufen am 15.01.2005